AF197320

1 | Stadtbefestigung

Parkhaus »Am Meeresmuseum« (Mühlenstraße)

Verlässt man das Parkhaus durch den Ausgang zum Knieperwall, entdeckt man Überreste des Hiddenseer Hofes. Zisterziensermönche von der nahe gelegenen Insel Hiddensee bebauten 1306, kurz nach Gründung ihres Klosters, dieses Areal in der Mühlenstraße. Der Stadthof diente den Ordensbrüdern für den Handel, als Ort für Rechtsgeschäfte sowie als Unterkunft.

An dieser Stelle offenbart sich der wehrhafte Charakter der Stralsunder Altstadtinsel. Während sie im Norden und Osten vom natürlichen Strelasund, einem Meeresarm der Ostsee, umgeben wird, ist sie landseitig seit dem Mittelalter durch Knieper- und Frankenteich geschützt. Dort, wo sich heute die Einfahrt zum Parkhaus befindet, erhob sich bis 1881 das Hospitaler Tor. Gegenüber lohnt der Blick zum »Arnd Schwartes Gang«. Hinter der Schaufront mit drei glasierten Wappenreliefs verbergen sich sanierte Fachwerkhäuschen, die auf Wohnbuden für Bedürftige im frühen 16. Jahrhundert zurückgehen.

Zusammen mit den anderen (ursprünglich zehn) Stralsunder Stadttoren ermöglichte das Hospitaler Tor

Hiddenseer Goldschmuck
Dieser aus 16 Teilen bestehende Schatz wurde 1872 nach verschiedenen Sturmfluten am Strand von Neuendorf auf Hiddensee gefunden. Man nimmt an, dass er etwa um 970 bis 980 gefertigt wurde. Er besteht aus einem Halsring, einer Scheibenfibel, vier kleineren und sechs größeren Hängekreuzen und vier Zwischengliedern. Es ist davon auszugehen, dass ursprünglich weitere Teile dazugehörten. Sein Goldgewicht beträgt 598 Gramm. Der Schmuck zählt zu den Highlights des STRALSUND MUSEUM (siehe S. 41).

Ferdinand von Schill
1776–1809, Offizier
und Freikorpsführer in
den napoleonischen
Befreiungskriegen. Der
in der Nähe von Dresden
geborene Schill schlug
1790 eine militärische
Laufbahn ein. Nach der
Niederlage Preußens in
der Schlacht von Jena und
Auerstedt floh Leutnant
Schill 1806 nach Kolberg
in Westpommern, wo er
im Folgejahr ein Freikorps
zusammenstellte. Im April
1809 verließ der Offizier
mit seinem Regiment
Berlin, um eigenmächtig
gegen die napoleonische
Besatzung Preußens zu
kämpfen. Am 31. Mai 1809
fiel er wenige Tage nach
seinem Einmarsch in
Stralsund im Straßen-
kampf mit französischen
Truppen.

den Durchgang durch die Stadtmauer, die bereits im 13. Jahrhundert urkundlich erwähnt wird. Der hier zu sehende Abschnitt am Knieperwall wurde in den 1970er Jahren nach mittelalterlichem Vorbild rekonstruiert. Mit Beginn der Schwedenzeit Mitte des 17. Jahrhunderts erweiterte man die Befestigungsanlagen um zahlreiche Bastionen. Ab 1873 wurden die Wallanlagen im Zuge der Entfestigung Stralsunds zu Grünanlagen umgestaltet. In den 1960er Jahren entstand unter der Hospitaler Bastion (heute Kinderspielplatz) ein Atomschutzbunker, der seit den 1990er Jahren als Fledermausquartier genutzt wird. Setzt man seinen Weg außen entlang der Stadtmauer in Richtung des Theaters fort, passiert man einige sogenannte Wiekhäuser. Die aus der Mauer hervorragenden Türmchen sind zur Stadtseite hin geöffnet.

2 | Theater Vorpommern

Linker Hand erblickt man das freistehende neoklassizistische Große Haus des Stralsunder Theaters Vorpommern, zu dem auch Einrichtungen in Greifswald und Putbus gehören. Nachdem die vorhergehende Spielstätte, seit 1834 am Alten Markt beheimatet, aufgrund mangelnder Brandschutzvorkehrungen ihre Pforten schließen musste, entstand der Theaterbau 1913/14. Der Vorhang zur ersten Aufführung hob sich aufgrund des Ausbruchs des Ersten Weltkriegs allerdings erst im Jahre 1916. Seit 1986 trägt der Platz den Namen des ermordeten schwedischen Ministerpräsidenten Olof Palme, der 1984 Stralsund besucht hatte.

In stadtauswärtiger Richtung befindet sich am Knieperdamm eine Grünanlage mit dem 1909 eingeweihten Denkmal für den preußischen Offizier Ferdinand von Schill.

3 | Kniepertor

Der Name Kniepertor leitet sich von der seit dem ausgehenden 13. Jahrhundert nachweisbaren, begüterten Familie Knep ab. An die ursprüngliche »Knepstrate« grenzt das 1293 erstmals in den Urkunden erwähnte Knieper-

Theater Vorpommern
Rechts: Kniepertor

Portal des Kleinen
St. Jürgen-Hospitals

tor, das heute neben dem Kütertor das letzte erhaltene Stralsunder Stadttor ist. Der rechteckige, dreigeschossige Backsteinbau mit spitzbogigem Durchgang stammt größtenteils aus dem 15. Jahrhundert. Im Rahmen der Entfestung wurde 1874 das Knieperaußentor abgerissen. Um Platz für eine größere Durchfahrt zu schaffen, erfolgte 1898 der Abriss des Nachbargebäudes.

An der Innenseite des Stadttores erinnern eine Stele und eine Gedenkplatte an den schwedischen Leutnant Friedrich Gustav von Petersson, einen Weggefährten Ferdinand von Schills, der 1809 am Kniepertor hingerichtet wurde. Auf der anderen Seite der Knieperstraße, im Schatten des Tores, befindet sich das Kleine St. Jürgen-Hospital. Mitte des 18. Jahrhunderts errichtet, diente die Außenstelle der gleichnamigen Einrichtung in der Mönchstraße als Unterkunft für ältere Menschen.

4 | Schillstraße

Der Knieperstraße stadteinwärts folgend, schließt sich ein Abstecher nach rechts in die Schillstraße an. In Höhe der Schillstraße 5 bis 8 befand sich einst der Klosterkomplex von St. Annen und Brigitten. Nach der erfolgreichen

Durchsetzung der Reformation bewohnten ab Mitte des 16. Jahrhunderts mittellose Witwen und Jungfrauen des gehobenen Standes das Anwesen. Im Hofbereich des dreigeschossigen Backsteinbaus, in dem heute mehrere öffentliche Behörden der Hansestadt angesiedelt sind, versteckt sich die kleine St. Annen-Kapelle. Das spätgotische Bauwerk wurde Mitte des 19. Jahrhunderts neogotisch verändert. Eine Grabplatte des 16. Jahrhunderts an der Außenwand der Kapelle weist auf die vier Jahrhunderte während Nutzung des Innenhofes als Begräbnisstätte hin.

Hinter dem langgestreckten Haus Nummer 37 auf der gegenüberliegenden Seite der Schillstraße verbirgt sich einer der letzten erhaltenen Adelssitze Stralsunds. Seit 1493 gehörte das Anwesen der Kramer-Compagnie, der Vereinigung der kleinen Kaufleute.

5 | Alter Markt

Tourismuszentrale Mai–Okt.: Mo–Fr 10–18 Uhr, Sa/So 10–15 Uhr; Nov.–Apr.: Mo–Fr 10–17 Uhr, Sa 10–14 Uhr
Welterbe-Ausstellung Apr.–Okt.: tägl. 11–17 Uhr; Nov.–März: Mo–Sa 11–17 Uhr; Eintritt frei
Führung Tapetensaal Do 16 Uhr oder Tel. 03831 25 23 10

Nun führt der Stadtrundgang über die Knieperstraße weiter zum Herz der alten Hansestadt, dem Alten Markt. Schriftquellen belegen das »forum antiquum« seit 1288. Als traditioneller Mittelpunkt der Stadt diente der Alte Markt als Ort des Handels, der Versammlungen und der Gerichtsbarkeit. Heute spiegeln die Gebäude aus den verschiedensten Jahrhunderten, die den Platz säumen, anschaulich die bewegte Geschichte der Hansestadt wider.

Zum traditionellen Wallensteinfest im Juli 1904 weihte man auf dem Alten Markt zu Ehren des Bürgermeisters Lambert Steinwich, der sich während des Dreißigjährigen Krieges der Belagerung durch die kaiserlichen Streitkräfte unter Oberbefehlshaber Wallenstein widersetzt hatte, ein Denkmal ein. 1937 wurde das von Bildhauer Wilhelm Jacobi angefertigte Standbild allerdings abgebrochen und einige Zeit später am Wulflamufer des Frankenteichs wieder aufgestellt.

Lambert Steinwich
1571–1629, Jurist und Politiker. In Düsseldorf geboren, wurde der Doktor der Rechte 1616 Bürgermeister Stralsunds. Nur zwei Jahre später begann der verheerende Dreißigjährige Krieg, sodass sich Steinwich vorrangig um die Verteidigung der Stadt und diplomatische Beziehungspflege kümmern musste. Der dreimonatigen Belagerung Stralsunds im Jahre 1628 durch kaiserliche Truppen unter Führung Albrecht von Wallensteins trotzte Steinwich mit Hilfe dänischer und schwedischer Unterstützung. Der anschließend ausgehandelte Allianzvertrag läutete in Stralsund die Schwedenzeit ein. Heute erinnern die jährlich im Juli stattfindenden »Wallensteintage« als historisches Volksfest an das prägende Ereignis.

Artushof am Alten Markt

Der Alte Markt diente von 1936 bis 2006 als Parkplatz. Anschließend wurde der mit etlichen Freisitzen gesäumte Platz mit einem Wasserspiel weiter aufgewertet.

Am Markt befindet sich das 1911 erbaute Hotel »Artushof«. Ein solcher, für mittelalterliche Hansestädte typischer Treffpunkt der städtischen Oberschicht ist an dieser Stelle seit dem frühen 14. Jahrhundert nachweisbar. Neben der Touristinformation befindet sich in der Ossenreyerstraße 1 das rote, mit grünen Pilastern verzierte Olthofsche Palais aus dem 17. Jahrhundert. Das historisch wertvolle Barockgebäude beherbergt die Welterbe-Ausstellung – seit dem Jahr 2002 gehören die historischen Altstädte Stralsunds und Wismars aufgrund ihrer nahezu unverändert gebliebenen mittelalterlichen Stadtgrundrisse gemeinsam zum Weltkulturerbe der UNESCO. Ein kunsthistorisches Kleinod ist der Tapetensaal im ersten Obergeschoss, den der Maler Jakob Philipp Hackert 1762–1765 gestaltete.

6 | Wulflamhaus

Restaurant »Wulflamstuben« täglich ab 11 Uhr

Zu den bedeutendsten Bauwerken rund um den Alten Markt zählt das Wulflamhaus. Als eines der bekanntesten mittelalterlichen Giebelhäuser der Stadt wurde es um 1350 von der einflussreichen Bürgermeisterfamilie Wulflam erbaut, die ebenfalls die beiden Nachbargrundstücke besaß. Zur Repräsentation ihrer Macht imitierten die Wulflams Elemente des gegenüberliegenden Rathauses wie beispielsweise das Wechselspiel von glasierten und unglasierten Backsteinen oder die betürmten polygonalen Pfeiler des Giebels, der ursprünglich als abgeschlossene Blendwand entstand und später abgestuft wurde. Eine weitere Besonderheit des spätgotischen Hauses stellt das repräsentative Saalgeschoss der ersten Etage dar, das einst vermutlich sogar über einen Balkon (sichtbare Mauerdurchbrüche) verfügte und in dem sich Reste eines Kamins sowie Wandmalereien des 15. Jahrhunderts erhalten haben. In dem etwa gleich alten, barock umgestalteten Nachbargebäude befindet sich seit 1998 die historische Stralsunder Ratsapotheke von 1545.

Bertram Wulflam

Gest. 1394, Bürgermeister. Als Sohn reicher Kaufleute in Stralsund geboren, mehrte Bertram Wulflam die politische Macht seiner Familie. Nachdem er 1362 in den Rat gewählt wurde, folgte zwei Jahre später die Ernennung zum Bürgermeister. Außenpolitisch errang Wulflam große diplomatische Verdienste für die Hanse, vor allem im Kampf gegen den dänischen König Waldemar IV. Aufgrund seiner selbstherrlichen Willkürherrschaft wurden die Wulflams 1391 nach Lübeck vertrieben. Um zurückkehren zu können, ließ die Familie wenige Jahre später den neuen Bürgermeister Karsten Sarnow enthaupten. Obwohl Bertram Wulflam 1394 in Lübeck verstarb, ließ ihn Sohn Wulf nach Stralsund bringen, um ihn letztmals auf seinem Bürgermeisterstuhl zu platzieren.

Links: Wulflamhaus

Giebelhäuser in der
Mühlenstraße

7 | Historische Giebelhäuser

Ausstellung »Stralsund in Miniatur« Di–So 10–18 Uhr

In der Mühlenstraße sind zwei weitere gotische Giebelhäuser sehenswert. Der in seiner ursprünglichen Gestalt
erhaltene Pfeilergiebel des Hauses Mühlenstraße 1 gilt als
ältester seiner Art im Ostseeraum. Das nach mittelalterlichem Vorbild umfassend rekonstruierte Bauwerk in der
Mühlenstraße 3 veranschaulicht typische Elemente eines
gotischen Dielenhauses. Dazu zählte die namengebende
große ungeteilte Diele im Erdgeschoss, in dem auch der
alle Stockwerke durchziehende hölzerne Hausbaum zu
sehen ist. In den oberen Etagen befanden sich verschiedene Speicherböden, die mittels Aufzugsrad in einer Luke
innerhalb des Hauses, also geschützt vor jeglichen Witterungseinflüssen, be- und entladen werden konnten. Ein
flügelartiger Hofanbau diente als Wohnstätte. Das für
Stralsund geltende lübische Baurecht schrieb außerdem
eine einheitliche Bauflucht sowie gemeinsame Brandwände zwischen benachbarten Gebäuden vor. Hier zeigt
eine Ausstellung anschauliche Modelle der Stadt und seiner architektonisch interessanten Bauwerke.

8 | Rathaus

Das Stralsunder Rathaus gilt im Ensemble mit der Rats-
kirche St. Nikolai als das Wahrzeichen der Hansestadt.
Als eines der ersten Steingebäude der Stadt bereits im
späten 13. Jahrhundert begonnen, zählt es zu den eindrucksvollsten Profanbauten des gesamten Ostseerau-
mes. Das vierflügelige Bauwerk mit sich in der Mitte
kreuzenden Durchgängen besteht aus zwei Längs- sowie zwei kurzen Querseiten. Ursprünglich diente das
Gebäude vorrangig als »kophus« (Kaufhaus) mit rund
vierzig von außen und innen zugänglichen Verkaufsräu-
men im Erdgeschoss sowie Lager- und Speicherplätzen.
Der sechsschiffige Gewölbekeller zählt bis heute zu den
größten im gesamten Wirkungsbereich der Hanse. Bis
Mitte des 14. Jahrhunderts kamen die Kopfbauten an den
Schmalseiten hinzu. Dadurch entstand über der offenen
Gerichtslaube am Markt der große Ratssaal, in dem 1370
der bedeutende Stralsunder Friede geschlossen wurde.
Zu Ehren des schwedischen Gouverneurs Axel Graf von
Löwen (1748–1772), der Stralsund seine Kunst- und Bü-
chersammlung vermachte, die im Rathaussaal präsen-
tiert wurde, wird er heute als Löwenscher Saal bezeichnet.

Der **Stralsunder Friede**
zwischen dem Dänischen
Reichsrat und dem
hansischen Städtebünd-
nis wurde im Mai 1370
im Stralsunder Rathaus
geschlossen. Vorangegan-
gen war ein kriegerisches
Jahrzehnt. Wichtigstes Er-
gebnis des Friedensschlus-
ses war die Stärkung der
Städte und die Garantie
des freien Ostseehan-
dels. Die finanziellen
Mittel, die Stralsund im
Hanse-Dänemark-Krieg
beigesteuert hatte,
sowie die in dieser Zeit in
Stralsund abgehaltenen
Hansetage unterstreichen
die Bedeutung der Stadt
für die Hanse. Die Stral-
sunder Friedensurkunden
im Stadtarchiv gehören
seit 2023 zum UNESCO-
Weltdokumentenerbe.

Georg Wertheim

1857–1939, Kaufmann. In Stralsund geboren, verließ Wertheim als 15-Jähriger das Gymnasium, um gemeinsam mit seinem Bruder Hugo in Berlin eine kaufmännische Lehre zu absolvieren. 1876 kehrten sie in ihre Heimatstadt zurück und traten in die Firma der Eltern ein. Nachdem das Unternehmen durch kaufmännische Neuerungen wie Festpreise, Umtausch, Barzahlung und Gleichbehandlung aller Kunden bald erfolgreich agierte, eröffnete Georg 1883 die erste Filiale in Rostock. 1885 ging er wieder nach Berlin, wo er mit drei seiner Brüder das damals größte Kaufhaus Europas errichtete. Kurz vor seinem Tod musste Wertheim noch die anti-jüdischen Boykotte sowie die »Arisierung« des Konzerns erleben.

Die repräsentative Schaufassade zum Alten Markt beeindruckt durch den filigranen Schildgiebel über dem Saalgeschoss. Zwischen sieben polygonalen Pfeilern, die die Front vom Erdboden an gliedern, befinden sich kleine Giebel mit Windlöchern und Sternscheiben. Einst war die Fassade mit Figuren und Wappen besiegter Fürsten geschmückt, mit deren Lösegeld die Stralsunder damals ihr Rathaus verschönerten. Der im 18. Jahrhundert mehrfach verputzte Giebel wurde erst in den 1880er Jahren unter Stadtbaumeister Ernst von Haselberg teilweise freigelegt und mit den Wappen befreundeter Hansestädte verziert.

Betritt man den länglichen Nord-Süd-Gang des Rathauses, erblickt man die zweigeschossige hölzerne Galerie, die nach dem Stadtbrand von 1680 entstand. In ihr befindet sich seit 1930 die bronzene Büste von Gustav II. Adolf. Dreihundert Jahre zuvor wurde der schwedische König während des Dreißigjährigen Krieges in der Hansestadt empfangen, die sich damit auf dessen Seite stellte und somit das schwedische Zeitalter Stralsunds einleitete. So vielschichtig wie die bis heute nicht gänzlich geklärte Baugeschichte gestaltete sich auch die Nutzung des Rathauses. Neben Rats-, Rechts- und Handelsgeschäften diente das geschichtsträchtige Bauwerk im 19. Jahrhundert auch als Ratsbibliothek und als kulturgeschichtliches »Provinzialmuseum für Neuvorpommern und Rügen«.

9 | Ossenreyerstraße

Ehem. Kaufhaus Wertheim
Rechts: Ossenreyerstraße 13/14

Den längeren Durchgang des Rathauses an der Südseite verlassend, begibt man sich rechter Hand in die historische Ossenreyerstraße, die den Alten mit dem Neuen Markt verbindet und bis heute eine beliebte Flaniermeile ist. Beim Haus Nummer 14, dessen Keller auf 1258 datiert wird, handelt es sich um das älteste bisher entdeckte Steingebäude Stralsunds. Architektonische Sichtfenster in der barock überformten Fassade geben interessante Einblicke in deren ursprüngliche Gestaltung.

Der Gebäudekomplex in der Ossenreyerstraße 8–12 entstand ab 1902 im Jugendstil und wurde 1927/28 nochmals erweitert. Er beherbergte das Kaufhaus der jüdischen Familie Wertheim, die in Stralsund 1852 in der

Nähe des Hafens und 1875 in der Mühlenstraße ein »Manufactur- und Modewaaren-Geschäft« eröffnet hatte. Das langgestreckte Sandsteingebäude mit seiner durchgehenden Schaufensterfront und den charakteristischen sechs kleinen Giebeln bewahrt in seinem Inneren einen von ursprünglich zwei Lichthöfen mit Skulpturen und großen Buntglasfenstern. In der Ossenreyerstraße 19 befindet sich das Kaufhaus des »Konkurrenten« Leonhard Tietz im Stil der Neuen Sachlichkeit.

Der Stadtrundgang setzt sich in der Ossenreyerstraße zurück Richtung Markt fort. Vorbei am Haus Nr. 6, dem Geburtshaus der Malerin Elisabeth Büchsel, erreicht man rechter Hand das aufwendig gestaltete, mit einem schwedischen Wappen versehene Barockportal des Rathauses von 1750, das sich zum »Buttergang« öffnet und direkt zum Westportal der Nikolaikirche führt.

10 | St. Nikolai

Besichtigung Apr.–Okt.: Mo–Sa 10–18 Uhr, So 12.30–16 Uhr;
Nov.–März: Mo–Sa 10–16 Uhr, So 12–15 Uhr
Führungen Mai–Okt.: Mo/Di/Do/Fr 12.30/15 Uhr

Ehem. Lateinschule am Nikolaikirchhof

Vor der reich verzierten Pforte an der Westseite von St. Nikolai stehend, lohnt es sich, den Blick entlang der

Backsteingotik

In den aufstrebenden mittelalterlichen Hansestädten reichten die vorhandenen Baumaterialien wie Holz und Feldstein nicht aus, um repräsentative Bauwerke zu schaffen. So entstanden im Ostseeraum zahlreiche Ziegelbrennereien, die teils sogar glasierte Backsteine aus Lehm zum Bau monumentaler Kirchen, Klöster, Rathäuser oder Stadtbefestigungen produzierten. Fehlender figürlicher Schmuck wurde durch reichhaltige Ornamentik und verschieden strukturierte Flächen der überwiegend schlichten Bauten kompensiert. Heute führt die »Europäische Route der Backsteingotik« zu mittelalterlichen Bauwerken in Dänemark, Schweden, Polen, dem Baltikum und Deutschland.

Westportal von St. Nikolai
Rechts: Blick zur Orgel von St. Nikolai

massiven und hoch aufragenden Doppelturmfassade mit ihren vier reich gestalteten Geschossen schweifen zu lassen. Entstanden im 14. Jahrhundert, brannten die einst gotischen Turmspitzen 1662 ab. Während der über 100 Meter hohe Südturm mit einer barocken Haube versehen wurde, misst der bis heute nur ein flaches Notdach tragende Nordturm 56 Meter.

Rechts an dem Gotteshaus vorbeigehend, gelangt man auf den Nikolaikirchhof, der als eine der ältesten Begräbnisstätten der Stadt bis ins 19. Jahrhundert genutzt wurde. Das schmale zweigeschossige Backsteingebäude am südöstlichen Ende des Kirchhofes diente seit Mitte des 14. Jahrhunderts als Küsterhaus und Lateinschule. Besonders sehenswert sind der filigrane Pfeilergiebel an der linken Schmalseite des Bauwerkes sowie die sich anschließende mittelalterliche Backsteinmauer.

Um die Nikolaikirche von innen zu besichtigen, begibt man sich an den nördlichen Besuchereingang am Alten Markt. Das ansehnliche Portal mit neogotischer Fassade stammt von 1837. Ein Jahr zuvor wurde das an dieser Stelle stehende Haus abgerissen. Seit 1997 erreicht man das Gotteshaus über das neue Portalgebäude, durch dessen gewölbtes Glasdach sich abermals eine lohnenswerte Sicht auf Kirchenschiff und Nordturm bietet.

Die Nikolaikirche ist durch ihre Ersterwähnung im Jahre 1270 Stralsunds älteste Pfarrkirche. Eine Mitte des 13. Jahrhunderts erbaute backsteinerne Hallenkirche wurde nur wenige Jahre später durch eine dreischiffige Kathedrale mit Chorumgang und Kapellenkranz im französischen Stil ersetzt. Neben Rathaus und Markt im Herzen der aufstrebenden Handelsstadt gelegen, präsentierte der durch den städtischen Rat in Auftrag gegebene monumentale Kirchenbau Selbstbewusstsein und Macht. Als Hauptkirche der Stadt diente das Gotteshaus außerdem als Versammlungs- und Beratungsraum des Rates und zum Verkünden von Gesetzen. Die Zünfte, die sich maßgeblich an der Finanzierung des Bauwerks beteiligt hatten, nutzten ihre eigenen kunstvollen Gestühle für geschäftliche Interessen. Auch die Stralsunder Bewohner spendeten eifrig für ihre dem Schutzpatron der Kaufleute und Seefahrer gestiftete »Bürgerkirche«, die bis zur Reformation mit 56 Altären ausgestattet war. Der Raumeindruck der rund 85 Meter langen und 30 Meter

Astronomische Uhr

hohen Nikolaikirche wird durch die reiche Architektur-farbigkeit von 1350 geprägt. Trotz der Wirren der lutheri-schen Reformation, die sich in Stralsund 1525 durchsetzte, erhielt sich ein großer Teil der wertvollen Inneneinrich-tung. Dazu zählen u. a. der um 1480 in einer unbekann-ten Stralsunder Werkstatt geschaffene Hochaltar und der Taufstein aus dem 13. Jahrhundert. Aus der gleichen Epoche stammt im Chorumgang die überlebensgroße Stuck-Plastik der Heiligen Anna Selbdritt, die ihre Toch-ter Maria mit dem Jesuskind auf dem Arm hält. Wenige Schritte weiter beeindruckt hinter dem Altar die Astro-nomische Uhr. Der 1394 von Nikolaus Lilienfeld erbaute Zeitmesser bildet die vier bedeutendsten Astronomen der damaligen Welt – Ptolomäus, König Alfons X., Hali und Albumasar – ab. Stellvertretend für die zahlreichen Epitaphe, Grabplatten und -kapellen von St. Nikolai sei die aufwendig verzierte Messinggrabplatte für den 1357 verstorbenen Bürgermeister Albert Hovener im südli-chen Chorbereich genannt. Ein herausragendes Zeugnis der einzelnen Zunftgestühle sind die vier erhaltenen Relieftafeln des Gestühls der Rigafahrer (früher fälschli-cherweise als Nowgorodfahrer bezeichnet). Die teils noch farbigen Eichenholz-Schnitzereien geben Einblick in das Leben russischer Jäger und Stralsunder Kaufleute bei ih-rem Handel mit Pelzen, Honig und Wachs.

Heilige Anna Selbdritt

11 | Schwedische Kommandantur

Restaurant »Goldener Löwe« 11–22 Uhr

Das schlichte dreistöckige Bauwerk am Alten Markt 14 zeugt von der fast zweihundert Jahre währenden schwedischen Epoche, in der Stralsund ein gesellschaftliches und kulturelles Zentrum von Schwedisch-Pommern war. Mitte des 18. Jahrhunderts erbaut, befand sich in dem Gebäude die Verwaltung der schwedischen Militärführung. Ein auffälliges architektonisches Detail stellt das Wappenrelief im Dreiecksgiebel dar, das im Jahre 2003 nach historischer Vorlage geschaffen wurde. Es zeigt, wie auch das Wappen am seitlichen Rathauseingang, neben dem schwedischen Löwen und dem pommerschen Greif die schwedische Krone auf blauem Grund. Unter ihr befindet sich der aufrecht gestellte Pfeil, der bis heute auch das rote Stralsunder Stadtwappen ziert und, angelehnt an die geografische Lage der Stadt am Sund, vom slawischen Wort »stral« für Pfeil herrührt. Von 1954 bis 1990 wurde das »Haus der Armee« von der Nationalen Volksarmee der DDR genutzt. Nach jahrelangem Leerstand beherbergt das »Commandanten-Hus« seit 2003 ein Café. Die schräg gegenüber liegende nördliche Markt-

Heinrich Kruse

1815–1902, Journalist und Schriftsteller. Der Sohn eines Stralsunder Altermannes der Gewandschneider besuchte in der Hansestadt das Gymnasium, bevor er in Bonn und Berlin studierte. Nach seiner Promotion und ausgedehnten Reisen ging Kruse als Erzieher nach England. In der politisch bewegten Zeit der 1840er Jahre kam er nach Deutschland zurück, um bei Zeitungen u. a. in Frankfurt am Main, Berlin und Köln zu arbeiten. 1855 wurde er langjähriger Chefredakteur der »Kölnischen Zeitung«. Kruse, seit 1895 Ehrenbürger Stralsunds, verfasste zahlreiche, überwiegend historische Dramen.

Alter Markt, Nordseite

bebauung besteht aus dem strengen Klinkergebäude im Stil der Neuen Sachlichkeit am Markt 4, das anstelle des Schauspielhauses 1930 von der Provinzialbank Pommern errichtet wurde und heute allgemein als Gewerkschaftshaus bekannt ist. Am benachbarten Plattenbau der 1980er Jahre zeugt nur die kleine Löwenplastik von der Vergangenheit. Seit Mitte des 18. Jahrhunderts befand sich an dieser Stelle das Hotel »Goldener Löwe«.

12 | Johanniskloster

In der Külpstraße, die direkt zum Franziskanerkloster St. Johannis führt, ist rechter Hand das Giebelhaus Külpstraße 5 sehenswert, das Anfang des 14. Jahrhunderts entstand und zeitweise als Gasthaus »Stettinische Herberge« diente. Bei der im Rahmen der Sanierung durchgeführten Bauforschung traten im Jahr 2002 Teile der ursprünglichen Fassade ans Licht.

Seit 1254 siedelten hier am Rande der Stadt mittellose Franziskanermönche, deren durch Schenkungen finanzierter Klosterbau mit einer gotischen Hallenkirche im 14. Jahrhundert weitestgehend abgeschlossen war. Das stürmische 16. Jahrhundert brachte umfassende Ver-

Külpstraße 5

änderungen mit sich. Die reformatorische Lehre hatte sich in Stralsund besonders durch Christian Ketelhot und Johann Kureke, die als Schüler des Wittenberger Reformators Johannes Bugenhagen seit 1523 in der Hansestadt weilten, verbreitet. Im April 1525 kulminierten die Ereignisse im »Stralsunder Kirchenbrechen«. In jenen Tagen erstürmte, plünderte und verwüstete die aufgebrachte Bevölkerung, deren wirtschaftlich-soziale Lage sich durch den beginnenden Niedergang der Hanse verschlimmert hatte, Kirchen und Klöster der Stadt. Noch im gleichen Jahr verfasste der Theologe Johannes Aepinus für Stralsund eine der ersten evangelischen Kirchenordnungen in Deutschland. Fortan wurde das graue Kloster, wie es nach der Bekleidung seiner Bewohner auch genannt wurde, in ein städtisches Armenhaus für Alte, Kranke und Kinder umgewandelt.

Weihnachten 1624 vernichtete ein Großbrand die gotische Klosterkirche, deren drei Kirchenschiffe 77 Meter lang waren. Einige Jahre später errichtete man in den Überbleibseln des Chores die kleine Johanniskirche, die wiederum bis auf die mahnend aufragende Umfassungsmauer den Bomben des Zweiten Weltkrieges zum Opfer fiel. Anlässlich des 50. Todestages des Bildhauers Ernst Barlach wurde 1988 in der Kirchruine eine bronzene Pietà aufgestellt, die Hans-Peter Jaeger nach einem Barlachschen Entwurf von 1932 schuf. Sie zeigt eine Mutter, die um ihren im Krieg gefallenen Sohn trauert.

Seit 1964 nutzte das Stadtarchiv viele Räume des Klosters. Gegenwärtig sind umfangreiche Bau- und Sanierungsmaßnahmen in Planung. Im Kapitelsaal und den Refektorien legte man wertvolle gotische Wand- und Gewölbemalereien des 14. und 15. Jahrhunderts frei, die bis zu zwanzig Mal übertüncht waren. Beeindruckend ist der kulturgeschichtlich interessante »Räucherboden«, der noch bis 1980 bewohnt wurde. Die Kamine kleiner Wohnungen im Obergeschoss des Westflügels besaßen keinen Schornstein ins Freie, sodass sich deren Rauch im Dachboden sammelte.

Inmitten der für Wohnzwecke schön restaurierten Fachwerkhäuschen des 17. und 18. Jahrhunderts befindet sich eine Stele, die an die fast vollständige Vernichtung der Stralsunder jüdischen Gemeinde während des Nationalsozialismus erinnert.

13 | Scheelehaus

Der Stadtrundgang setzt sich nach Verlassen des Klosters linker Hand in der Schillstraße fort. Das um 1350 erbaute Anwesen Nummer 18 stellt ein seltenes Beispiel eines traufständigen Hauses, d. h. mit einem parallel zur Straße verlaufendem Dach, dar.

In der Fährstraße 23 erblickte 1742 der Chemiker Carl Wilhelm Scheele das Licht der Welt. Seit 1875 erinnern eine Gedenktafel und ein Bildnismedaillon im Hausflur an den großen Sohn der Stadt. Gemeinsam mit dem Nachbargebäude Nummer 24, beides Giebelhäuser des 14. Jahrhunderts, bildet das Scheelehaus durch den bereits im Mittelalter verbundenen Keller eine Einheit. Die hanseatischen Kaufmannshäuser weisen zudem die typischen Merkmale von Diele, Hausbaum und Speichergeschossen auf. Die Fassade mit dem geschweiften Stufengiebel stammt aus dem 17. Jahrhundert und wurde in den 1980er Jahren umfangreich restauriert. Nachdem der Gebäudekomplex jahrelang als Restaurant und Ort kultureller Veranstaltungen bekannt war, wird diese Tradition durch den »Scheelehof« wiederbelebt, der im Frühjahr 2011 mit einem Hotel und mehreren gastronomischen Einrichtungen eröffnete.

14 | Fährstraße

Kneipe »Zur Fähre« täglich ab 18 Uhr

Fährstraße 11

Als eine der ältesten urkundlich erwähnten Straßen Stralsunds führte die Fährstraße zu dem Platz, an dem bereits seit dem 13. Jahrhundert der Fährverkehr nach Rügen abgewickelt wurde. Typisch für die traditionelle Handelsstadt verläuft die äußerst breit angelegte Straße direkt vom Hafen zur Innenstadt. Während sich am Beginn der Straße, genauer in der Fährstraße 29/30, barocke, mit schwungvollen Giebeln geschmückte Wohnhäuser der Schwedenzeit erheben, stammen die Gebäude 31/32 sowie 11 aus dem frühen Mittelalter. Vor Haus Nummer 21, das 1952 erbaut wurde, erinnert seit 1835 ein Stein im Straßenpflaster an den Sterbeort Ferdinand von Schills. An der Ecke von Fährstraße und Fährwall befand sich vom 13. Jahrhundert bis 1874 inmitten der Stadtmauer das Fährtor. Daran schloss sich unmittelbar das noch heute erhaltene zweigeschossige Eckgebäude an. Das urige Gasthaus »Zur Fähre« wurde im Zuge der Verleihung des Schankrechts erstmals im Jahre 1332 als »taberna apud passagium« erwähnt und zählt damit zu den ältesten Kneipen in Europa.

»Zur Fähre«

15 | Hafen

»**Fischhalle am Hafen**« 10–18 Uhr; »**Skurrileum**« 11–17 Uhr
(im Winter verkürzt, www.skurrileum.de)

Am Hauptsitz des Schifffahrtsunternehmens »Weiße
Flotte« vorbei, gelangt man über die Fährbrücke auf die
Stralsunder Hafeninsel. Die Lage der Stadt am Strelasund,
geschützt durch die vorgelagerten Inseln Rügen und
Dänholm, bot für die Entwicklung des Seehandels gute
Voraussetzungen. Die ersten überlieferten Hafenordnungen
des ausgehenden 13. Jahrhunderts belegen, dass der
Hafen kontinuierlich ausgebaut wurde. Schon bald galt
Stralsund als wichtige Drehscheibe im von der Hanse do-
minierten Ostseehandel. Zu den ersten Handelsgütern
zählte der Hering aus den ertragreichen flachen Bodden-
gewässern rund um Rügen, der besonders als Fastenspei-
se geschätzt wurde. Durch die Verwendung von Salz zum
Konservieren sowie die Nutzung stapelbarer und wetter-
fester Fässer zum Transport konnte die Haltbarkeit ge-
steigert und damit der Gewinn vergrößert werden. In den
Werften Stralsunds, für das Jahr 1426 sind derer beispielsweise 13 nachgewiesen, wurden neue hochseetaugliche
Schiffe, die typischen Koggen, gebaut und repariert.

Hanse
In der zweiten Hälfte des
13. Jahrhunderts bildete
sich der Wendische
Städtebund heraus, um
Vorteile im Handel zu
sichern. Unter Führung
Lübecks entwickelte sich
eine lose organisierte
Interessengemeinschaft
von großer wirtschaft-
licher, politischer und
kultureller Bedeutung, die
besonders die Nord- und
Ostsee als Handelsge-
biet erschloss. Mitte des
14. Jahrhunderts wandelte
sich die Kaufmanns- zur
Städtehanse mit regel-
mäßigen Hansetagen.
Besonders der erstarkende
Atlantik-Handel führte im
15./16. Jahrhundert zum
Niedergang der Hanse.

»Gorch Fock (I)«

Während seit dem Mittelalter hölzerne Seebrücken im flachen Gewässer zu den Schiffen führten, entstand in den sechziger Jahren des 19. Jahrhunderts die künstliche Hafeninsel, damals noch unter militärischer Hoheit stehend. Da die Stadt zu jener Zeit noch den Charakter einer Festung besaß, bestand das Militär auf den Bau der Kanäle und einer hohen Kanalmauer. Im Laufe der nächsten Jahrzehnte entstanden auf dem neu gewonnenen Land mehrere Speicher, Wohnhäuser und funktionale Gebäude. Erst 1990 wurde der Hafen wieder für die Öffentlichkeit zugänglich und durch Yachthafen, Gastwirtschaften sowie die Museen »Ozeaneum« und »Gorch Fock« touristisch erschlossen. Seit 2013 beherbergt der imposante Koggenspeicher (Hafenstraße 7) das »Skurrileum – Museum für komische Kunst« mit wechselnden Cartoon-Ausstellungen und Veranstaltungen.

Gorch Fock
(eigentlich Johann Wilhelm Kinau) 1880–1916, Schriftsteller. Der in Finkenwerder bei Hamburg geborene Kinau arbeitete nach Besuch der Handelsschule als Buchhalter und Kontorist. Kurz nach 1900 begann er, Gedichte und Erzählungen zu veröffentlichen. Die in Plattdeutsch verfassten Werke erschienen unter den Pseudonymen Gorch Fock, Jakob Holst und Giorgio Focco. Sein wohl bekanntestes Werk, der Roman »Seefahrt ist not!«, thematisierte das Leben der Hochseefischer. 1916 verlor Kinau in der Schlacht am Skagerrak sein Leben, als der Kreuzer SMS Wiesbaden sank. Im Nationalsozialismus wurden die Werke Gorch Focks als kriegsverherrlichende Propaganda vereinnahmt.

16 | Museumsschiff »Gorch Fock (I)«

Schiffsbesichtigung mit Bordmuseum
Apr.–Okt.: 10–18 Uhr; Nov.–März: 10–16 Uhr

Der dreimastige Segler »Gorch Fock« wurde 1933 auf der Hamburger Werft Blohm & Voss gebaut und diente bis zum Beginn des Zweiten Weltkrieges als Ausbildungsschiff. Im April 1945 sprengte die Reichsmarine ihr Segelschiff, um es nicht der anrückenden Sowjetarmee zu überlassen. Zwei Jahre später hob man die »Gorch Fock« aus dem Strelasund, setzte sie in Wismar und Rostock instand und übergab sie 1951 als Schulschiff »Kamerad« (»Towarischtsch«) der sowjetischen Marine. Nach Auflösung der Sowjetunion lag vor dem reparaturbedürftigen Schiff eine ungewisse Zukunft. Ab 1999 in Wilhelmshaven liegend, nahm es erfolgreich an der »EXPO am Meer 2000« teil.

Im Jahr 2003 kaufte der Hamburger Verein »Tall-Ship Friends« die Bark und taufte sie in ihrem alten Heimathafen Stralsund auf ihren ursprünglichen Namen »Gorch Fock (I)«. Seitdem sind alle Bereiche des zwölf Meter breiten und 82 Meter langen Schiffes für Besucher zugänglich. Nebenher wird es Schritt für Schritt neu ausgerüstet, um zunächst eine Fahrtgenehmigung für die Ostsee, später für mehrtägige Segelreisen zu erhalten.

17 | OZEANEUM

Juli/Aug.: 9.30–19 Uhr; Sep.–Juni: 9.30–17 Uhr

Das OZEANEUM, einer der vier Standorte des Deutschen Meeresmuseums, gilt als ein Wahrzeichen der Hansestadt. 2008 eröffnet, wurde es in kurzer Zeit zum Besuchermagneten und mit der Auszeichnung »Europas Museum des Jahres 2010« geehrt. Als »Liebeserklärung an die Meere« thematisiert das Museum die Ozeane und widmet sich im Besonderen der Unterwasserwelt der nördlichen Meere. Zahlreiche Aquarien veranschaulichen Lebensräume vom Stralsunder Hafenbecken und der Rügenschen Boddenlandschaft über die Nordsee bis hin zum Atlantik. Dabei zählen das Becken »Offener Atlantik« mit dem detailgetreuen Nachbau eines Schiffswracks und das Tunnelaquarium »Helgoland« zu den größten Attraktionen. Während auf der Dachterrasse Pinguine vor der wunderschönen Silhouette Stralsunds zu beobachten sind, beeindrucken über drei Ebenen Modelle der »Riesen der Meere« in Originalgröße. Das außergewöhnliche Bauwerk ist auf fast 700 bis zu 28 Meter langen Pfählen gegründet. Die weißen Stahlbänder symbolisieren vom Wind geblähte Segel.

18 | Rügenbrücke und Volkswerft

Hinter dem Hafenamt, dessen kapellenartiger Bau 1901 für die Lotsenwache errichtet wurde, begibt man sich auf die Steinerne Fischbrücke, um einen guten Ausblick auf zwei weitere architektonische Attraktionen der Moderne zu haben. 2007 wurde nach dreijähriger Bauzeit die neue dreispurige Rügenbrücke eingeweiht, über die ausschließlich Kraftfahrzeuge den Strelasund von Stralsund zum rügenschen Ort Altefähr überwinden können. Kernstück der imposanten, über 2800 Meter langen Schrägseilbrücke ist der 126 Meter hohe Pfeiler mit 32 schräg gespannten Stahlseilen, nunmehr der höchste Punkt der Stadt. Neben der Brücke existiert weiterhin der 1937 eröffnete Rügendamm mit der Ziegelgrabenbrücke für Fußgänger und den Eisenbahn- und Autoverkehr. Damit Schiffe den Strelasund durchqueren können, wird diese Zugbrücke mehrfach täglich gehoben.

Die dahinter inmitten von Hafenkränen aufragende Stralsunder Volkswerft, nach jahrhundertealter Werfttradition 1948 begründet, zählt mit ihrer Schiffbauhalle von 1997 zu den größten der Welt. Auf der Kompaktwerft entstanden in Stralsund früher sowohl Fracht- und Fischereischiffe als auch Passagierschiffe.

Zum Verlassen der Fischbrücke überquert man den Querkanal über die Klappbrücke, ein seltenes technisches Denkmal von 1932. Neben dem malerischen Blick über das Hafengelände und die Silhouette der Altstadt ist von hier aus, zwischen Baden- und Heilgeistkanal, der fünfeckige Umriss der ehemaligen Kronlastadie-Bastion erkennbar, die im Zuge des Festungsausbaus im 17. Jahrhundert errichtet wurde. Auf ihr befindet sich heute ein Restaurant. Im benachbarten Fachwerkbau, einem ehemaligen Kanonenschuppen, kann man ebenfalls einkehren. Zurück auf dem Festland, führt der Stadtrundgang links entlang geradewegs zum Heilgeistkloster.

19 | Heilgeistkloster

Das Heilgeistkloster, dessen Ersterwähnung in das Jahr 1256 fällt, war ein klosterähnliches Hospital zur Versorgung Kranker, Alter und sonstiger Hilfebedürftiger. Es handelte sich demnach nicht um eine kirchliche, sondern um eine weltliche Einrichtung mit religiösem Charakter. Ursprünglich an der nach ihm benannten Heilgeiststraße gelegen, zog das Heilgeistkloster Anfang des 14. Jahrhunderts an den Rand der Stadt in die Nähe des

Frankentores, um auch ankommenden Fremden Unterkunft zu bieten.

Zu dem Gebäudekomplex, der nach mehrmaliger Zerstörung im Dreißigjährigen Krieg und während der dänischen Belagerung 1715 in seiner ursprünglichen Form wiederaufgebaut wurde, gehören neben der Heilgeist-Kirche das Kirchgang-Gebäude, das »Elendenhaus« sowie die im Innenhof gelegenen kleinen Fachwerkhäuschen aus dem 18. und 19. Jahrhundert.

Betritt man die Anlage durch den barocken Torbogen, befindet sich rechter Hand der sogenannte Kirchgang, bestehend aus zwei parallel an den Ostgiebel der Kirche angeordneten Flügelbauten mit hohen Dächern. In dem malerischen Gang befanden sich 28 kleine Wohnstuben vorwiegend für Bürger, die sich durch finanzielle Zuwendungen ihren Alterssitz im Hospital sicherten. Die hölzerne Galerie aus dem 17. Jahrhundert, die laut Holzproben im 18. Jahrhundert erneuert wurde, stand wahrscheinlich Pate für die Stralsunder Rathausgalerie.

Durchschreitet man das Hospital-Gelände, kommt man in der Klosterstraße an den Resten des ehemaligen Franken-Kronwerkes aus dem frühen 19. Jahrhundert vorbei. In dessen Fassade zum Frankendamm befindet sich eine Gedenkplatte für den schwedischen König Karl XII., nach dessen Kapitulation im Nordischen Krieg Stralsund von 1715 bis 1720 unter dänische Herrschaft fiel. Hinter dem Kreisverkehr gelangt man zum weinbehangenen Eingang der Heilgeistkirche. Ihr schnörkelloser Backsteinbau, dessen Satteldach lediglich von einem Dachreiter bekrönt wird, deutet darauf hin, dass die Kirche einst nicht zu den Pfarrkirchen Stralsunds zählte.

Im schlichten Innenraum offenbaren mehrere Details das Besondere einer Spitalkirche. Anstelle eines geschmückten, abgeschlossenen Chorraumes besteht der Ostgiebel aus einer flachen Wand. Über eine Empore gelangten die Hospitalbewohner dort zur Galerie ihres Kirchgangs. Der Altar stand einst wohl inmitten des Kirchenschiffes, hervorgehoben durch ein Sterngewölbe. Nach umfassenden Sanierungsmaßnahmen in den 1990er Jahren nutzt die Heilgeist / St. Jakobi-Gemeinde die Kirche; Kirchgang und Buden sind wieder bewohnt.

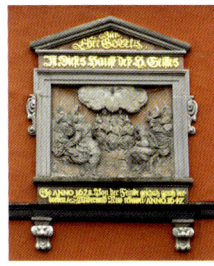

Reliefschmuck am
Heilgeistkloster
Links: Heilgeistkirche

Blick in die Badenstraße

20 | Badstüber- und Badenstraße

Der Gang durch die Badstüberstraße mit ihren liebevoll sanierten Häuschen, überwiegend aus dem 18. Jahrhundert, versetzt den Betrachter abseits der breiten Hauptstraßen in das einstige Stralsund der ärmeren Bevölkerung. In der schmalen Quergasse am Rand der Stadt befand sich eine der im Mittelalter aufkommenden Badestuben, die sowohl der Körperpflege als auch der Geselligkeit, der Prostitution und verschiedenen medizinischen Methoden wie dem Aderlass dienten.

Nach einigen Metern in der Heilgeiststraße läuft man in Höhe des einst repräsentativen Bankgebäudes, heute Restaurant, am Spielplatz vorbei zur Badenstraße. Das dreiflügelige Gebäude auf der linken Straßenseite (Nr. 17) wurde 1726/30 für den Generalgouverneur Johann August Meyerfeldt erbaut und diente bis 1815 als Sitz der schwedischen Provinzialregierung. Im gleichen Jahr fand im Schwedenpalais die offizielle Übergabe von Schweden-Pommern an Preußen statt. Das benachbarte Haus (Nr. 16), die ehemalige Reichsbankfiliale, ist ein typischer Ziegelbau der Neogotik von 1893. Das sogenannte Landständehaus (Nr. 39) befindet sich auf der anderen Straßenseite. Um 1700 errichtet, diente das Bauwerk von 1803 bis 1881 den Communalständen für Neuvorpommern und Rügen als Versammlungsort. Der Giebel am Haus Badenstraße 42 stellt ein bemerkenswertes Beispiel der in Stralsund eher seltenen Renaissance-Architektur dar. Im gleichen Stil wurde Mitte des 16. Jahrhunderts die Fassade des Gebäudes Badenstraße 44 gestaltet, indem zwei gotische Giebelhäuser zusammengelegt wurden. Das Relief am benachbarten Eckgebäude verweist auf die Bären-Apotheke, die sich hier mit Unterbrechungen von 1791 bis 2004 befand.

Wappen am Haus Badenstraße 13

21 | St. Jakobi

Der Stadtrundgang führt nun weiter durch die Jacobiturmstraße. Das langgestreckte Gebäude (Nr. 32) auf der linken Straßenseite ist Teil einer dreiflügeligen Wohnanlage der Renaissance. Aus dem repräsentativen Ensemble sticht das Portal heraus. Eine Inschrift trägt die Jahreszahl 1568 sowie die Kürzel V. D. M. I. E. P. B. für »Verbum Domini Manet In Eternum / Peter Bavemann« (Das Wort Gottes bleibt in Ewigkeit). Über dem Portal befinden sich Terrakotta-Bildnisse aus der Lübecker Bildhauer-Werkstatt des Statius von Düren.

Die Heilgeiststraße überquerend, gelangt man zur dem Schutzpatron der Pilger geweihten Kirche. Als kleinste der drei Stralsunder Pfarrkirchen lag sie, anders als St. Nikolai und St. Marien, nicht an einem Marktplatz oder an einer bedeutenden Straße, sondern in einem dicht besiedelten Handwerkerviertel. Als Besonderheit der erstmals 1303 erwähnten dreischiffigen Backsteinbasilika gelten der gerade abgeschlossene Chor im Osten sowie der monumentale quadratische Turm im Westen. Sein filigranes Maßwerk setzt sich aus über vierzig verschiedenen, teils glasierten Formsteinen zusammen. Der achteckige Turmhelm, umgeben von vier kleinen Ecktürmchen, wurde nach einem Brand von 1662 geschaffen.

Im Laufe ihrer über 700-jährigen Geschichte wurde die Jakobikirche mehrfach schwer in Mitleidenschaft gezogen, u. a. durch Beschädigungen im Dreißigjährigen Krieg oder die Umnutzung als Pferdestall und Gefangenenlager während der napoleonischen Besatzung

Renaissanceportal am Haus Jacobiturmstraße 32

zu Beginn des 19. Jahrhunderts. 1944 schwer zerstört, konnten von der Ausstattung u. a. die zuvor ausgelagerte Kanzel und der Altar gerettet werden. Nach dem Zweiten Weltkrieg diente die Kirche als Notunterkunft, ihre Orgelpfeifen wurden von Metalldieben gestohlen, das Gestühl verheizt. Als Notkirche wurde 1955 im Turmbereich der Gustav-Adolf-Saal ausgebaut. In den 1980er Jahren funktionierte man das Gotteshaus zu einem Baustoff- und Kunstgutlager der evangelischen Landeskirche um.

Seit 1996 ist die Kirche wieder öffentlich zugänglich und macht als Kulturkirche St. Jakobi mit zahlreichen Ausstellungen, Lesungen, Konzerten und Theateraufführungen von sich reden. 2007 nahm die Probe- und Studiobühne des Theaters Vorpommern ihren Betrieb auf. 2017–2020 wurde das Orgelwerk mit 51 Registern im barocker Klangpracht von der Dresdener Orgelwerkstatt Kristian Wegscheider neu erbaut. Das Barockgehäuse der Vorgängerorgel von 1740 und Teile des Instruments, das der Orgelbauer Friedrich Albert Mehmel 1877 schuf, wurden bei der Restaurierung wiederverwendet.

22 | Scharfrichterhaus

An der Ecke Papenstraße/Filterstraße befand sich Jahrhunderte lang das Anwesen des Scharfrichters. Das Amt des Scharfrichters, das sich im 13. Jahrhundert im Zuge des sich wandelnden Strafvollzuges ausprägte, ist Ausdruck der der Stadt zustehenden Hoch- oder Blutgerichtsbarkeit, die auch die Verhängung und den Vollzug von Todesstrafen mit einschloss. Der Stralsunder Scharfrichter wurde auch an andere Gerichtsherren, insbesondere Adlige, die keinen eigenen hatten, »vermietet«. Um 1290 erstmals erwähnt, war das Gebäude bis zum Tod des letzten städtischen Henkers Mitte des 19. Jahrhunderts dessen Wohn- und Arbeitsstätte. Das 1412 errichtete Nachbarhaus diente als Gefängnis und hatte bis zu einen Meter starke Außenmauern. Der gotische Schaugiebel an der Schmalseite deutet darauf hin, dass das Scharfrichterhaus einst freistehend war – schließlich galt der Beruf des mit der Schärfe des Schwertes Richtenden als »unehrlich« und genoss kaum Ansehen.

Franziska Tiburtius
1843–1927, Ärztin. Auf Rügen geboren, ging Tiburtius in Stralsund zur Schule. Nachdem sie einige Jahre als Erzieherin tätig gewesen war, studierte sie in Zürich Medizin. Obwohl im ausgehenden 19. Jahrhundert in vielen europäischen Ländern Frauen zum Studium zugelassen wurden, blieb es ihnen in Preußen verwehrt. Nach ihrer Promotion (1876) in der Schweiz arbeitete sie in Leipzig und Dresden, jedoch unter öffentlichen Vorbehalten und ohne anerkannte Approbation. In Berlin eröffnete sie anschließend eine eigene Praxis, aus der die »Chirurgische Klinik weiblicher Ärzte« hervorging. Kurz vor ihrem Tod verfasste Tiburtius, die als erste deutsche Promovierte der neueren Zeit gilt, ihre Lebensbeschreibung, »Erinnerungen einer Achtzigjährigen«.

23 | Langen- und Frankenstraße

**Gottlieb Christian
Friedrich Mohnike**

1781–1841, Theologe und
Philologe. In Grimmen
geboren, besuchte Mohnike das Gymnasium in
Stralsund. Anschließend
studierte er in Greifswald
und Jena Theologie. 1813
wurde Mohnike als Pfarrer
an die Jakobikirche in
Stralsund berufen. Neben
dieser Tätigkeit, die er
bis an sein Lebensende ausführte, war er
zugleich Konsistorial- und
Schulrat. Mohnike gilt
als einer der Begründer
der Skandinavistik,
indem er skandinavische
Literatur übersetzte und in
Deutschland vermittelte.
Aus seiner Ehe gingen
neun Kinder hervor,
darunter der Arzt Otto
Gottlieb Mohnike sowie
die Schriftstellerin Selma
Mohnike.

Während man die Papenstraße bis zur Einmündung der Jacobiturmstraße entlangläuft, sollte der Blick nochmals zum beeindruckenden Turm der Jakobikirche schweifen. Das Eckgebäude Jacobiturm-/Langenstraße war früher das Pfarrhaus von St. Jakobi, in dem von 1814 bis 1841 der Pfarrer Gottlieb Mohnike lebte. Die rekonstruierte Fassade des 17. Jahrhunderts weist breite Bogenfenster sowie zwei gerahmte Portale mit Gesims auf. Die Langen- und die parallele Frankenstraße wurden im frühen Mittelalter planmäßig angelegt und zeichnen sich durch ihren ungewöhnlich langen und geraden Verlauf vom Hafen bis zum Neuen Markt aus.

Bei Erreichen der Frankenstraße trifft man auf ein Ensemble mittelalterlicher Giebelhäuser. Am eindrucksvollsten ist das Haus Frankenstraße 28. Gelegentlich öffnet dessen Besitzer seinen privaten Wohnraum, um Interessierten sein Reich mit erhaltenem Hausbaum, barocker Diele, großem Hoffenster (»Lucht«) sowie etlichen

Frankenstraße 28

Stücken aus Stralsunds Vergangenheit, darunter eine große Backsteinsammlung, zu zeigen. In den Keller des Hauses können sich besonders über die kalte Jahreszeit ungestört Fledermäuse zurückziehen.

Weiter in Richtung des Neuen Marktes passiert man auf der rechten Seite die »Unnütze Straße«, deren Bezeichnung auf das einst hier ansässige Gewerbe, die »liederliche und unehrbare« Prostitution, zurückgeht. Auf der linken Straßenseite ist am Haus Frankenstraße 12 eine typische mittelalterliche Brandmauer zu sehen, die durch den Abbruch des Nachbargebäudes offengelegt wurde. Die nächste kurze Querstraße ist die Judenstraße. Erst seit 1990 trägt sie wieder diesen Namen, nachdem sie 1934 propagandistisch in »Jodestraße« umbenannt worden war. Im Hof der Langenstraße 69 befand sich seit 1787 eine Synagoge. In der Pogromnacht 1938 durch Feuer teilweise zerstört, wurde das Gebäude bei einem Bombenangriff 1944 schwer beschädigt. Die Ruine wurde 1951 abgerissen.

Frankenstraße 12

24 | Schiffercompagnie

Besichtigung auf Anfrage: Tel. 03831 29 85 10

In der Frankenstraße 9 befindet sich das Domizil der 1488 entstandenen Marienbruderschaft der Stralsunder Schiffer, die Schiffercompagnie. Mit dieser Gründung beabsichtigte einerseits der Stralsunder Rat, Einblicke in den See-Handel zu bekommen. Andererseits stellte die Schiffercompagnie eine wichtige berufliche Interessenvereinigung dar, die sich für Ordnung und soziale Sicherheit einsetzte. Das mittelalterliche Ensemble diente der Unterbringung von mittellosen Schifferwitwen. Bis 1944 befand sich der Sitz der Schiffercompagnie in der Semlowerstraße. Seit 1992 veranstaltet der Verein wieder das traditionelle Schaffermahl (»Schaffer« hießen die Mitglieder der Schiffercompagnie) mit Hechtsuppe, Labskaus und Roter Grütze, an dem aber nicht mehr nur ein kleiner geschlossener Kreis teilnimmt, sondern Vertreter aus Politik, Wirtschaft und Kultur. Besucher können auf Anfrage eine kleine museale Sammlung mit seemännischen Andenken und Schiffsmodellen sowie den idyllischen Hofbereich besichtigen.

Portal am Haus der Schiffercompagnie

25 | Neuer Markt

An der Einmündung der Frankenstraße in den Neuen Markt erhebt sich links das 1872/74 erbaute königliche Garnisonslazarett. Der gelbe Ziegelbau, der dem Markt nur seine Querseite zuwendet, hinterlässt durch seine turmartigen Gebäudeecken und das hervorragende Konsolkranzgesims einen wehrhaften Eindruck.

Der Markt in der Stralsunder Neustadt wird im 13. Jahrhundert, etwa zeitgleich mit dem Alten Markt, erstmals schriftlich als »novum forum« erwähnt. Um das zweite Stadtzentrum gruppierten sich u. a. die vermutlich im 14. Jahrhundert abgerissene Kirche St. Peter und Paul und das Neustädter Rathaus, das sich an der Westseite des Platzes erhob. Auf den Grundmauern des 1678 zerstörten Gebäudes errichtete das schwedische Militär 1708 ein Zeughaus, das bis 1886 existierte. Den heutigen Platzeindruck bestimmen Häuserfassaden des 19. und 20. Jahrhunderts, als die größtenteils mittelalterlichen Gebäude umgebaut wurden. Ein Neubau dieser Zeit ist die Hauptpost (1886) in ihrer typisch neogotischen Formensprache. Ursprünglich war auch die Marktseite vor der Marienkirche mit Häusern bestückt, die man jedoch in den siebziger Jahren des 19. Jahrhunderts abriss. 1945

Ehemaliges Garnisons-
lazarett

wurde dort ein sowjetischer Ehrenfriedhof mit einem Denkmal errichtet. Der Obelisk stammt von 1967. Auf Granitstein prangt ein Bronzerelief, auf dem ein sowjetischer Offizier einem Zivilisten die Hand reicht. 1968 wurde der gesamte Markt zu einem Parkplatz umgestaltet, für den die Baumbepflanzung weichen musste.

26 | St. Marien

www.st-mariengemeinde-stralsund.de

Wenige Schritte vom Ehrenmal entfernt befindet sich der Eingang zum dritten großen Backsteinbau Stralsunds, St. Marien. Bevor man das Gotteshaus betritt, sollte man die monumentale Turmfront mit den achteckigen Treppentürmen auf sich wirken lassen. Wie der gesamte Baukörper ist auch sie von schlichter Schönheit, bestimmt von einheitlichen Flächen und großen Fenstern. Im 14. Jahrhundert erbaut, löste die Kirche den erstmals 1298 erwähnten, eingestürzten Vorgängerbau ab. Wie die Nikolaikirche wurde St. Marien vom Rat der Stadt initiiert, wobei sich die wohlhabende Innung der Gewandschneider finanziell besonders hervortat. Die

Kirche zählt zu den jüngsten gotischen Backsteinbasiliken. Wichtige Bauelemente spiegeln bereits den spätgotischen Baustil wider, beispielsweise sind die Strebebögen unter den Dächern der Seitenschiffe verborgen. Das Westwerk entstand im 15. Jahrhundert und zählte mit seinem gotischen Turm, der fast 150 Meter in den Himmel ragte, seinerzeit zu den höchsten Bauwerken Europas. 1647 wurde die von vier kleinen Türmchen flankierte Kirchspitze durch einen Blitzschlag zerstört und danach mit der jetzigen barocken Haube versehen.

Nach dem Durchschreiten des mächtigen Turmuntergeschosses blickt man in das dreischiffige, fast 100 Meter lange und im Mittelschiff über 32 Meter hohe Gotteshaus. Die ursprünglich reich ausgestattete Kirche verlor beim Bildersturm während der Reformation und beim großen Stadtbrand 1647 nahezu ihr gesamtes Inventar. Als berühmtestes Ausstattungsstück gilt die Orgel von Friedrich Stellwagen aus den Jahren 1653 bis 1659. Sie ist das größte und letzte Werk des »Silbermann des Nordens« und gilt, seit 2008 wieder voll funktionsfähig, als eine der größten in Europa noch vorhandenen Barock-Orgeln. Wunderschön sind neben dem Marienkrönungsaltar (um 1500) auch die drei Messing-Kronleuchter aus dem 16. und 17. Jahrhundert. Eine Spur der französischen Besatzung von 1807 bis 1810 befindet sich im Deckengewölbe des Mittelschiffes in Form einer Inschrift, die auf die Nutzung der Kirche als Heumagazin zurückgeht. An das Querhaus, eines der wenigen dreischiffigen in Deutschland, schließt sich ein Umgangschor an, in dem sich besonders die romantische Restaurierung der 1840er Jahre niederschlägt. Nachdem man Entwürfe von Caspar David Friedrich und Karl Friedrich Schinkel abgelehnt hatte, legte der einheimische Maler Johann Wilhelm Brüggemann u. a. durch verkleidete Pfeiler und filigranes Maßwerk Wert auf Betonung des Gotischen; im Langhaus wurde die neogotische Gestaltung in den 1930er Jahren entfernt. Von Brüggemann stammen auch Altar, Kanzel und Gestühl.

Von der Aussichtsplattform des 104 Meter hohen Turms bietet sich ein herrlicher Ausblick über Stralsund, Rügen und die Ostsee. Unbedingt empfehlenswert ist eine Führung durch das beeindruckende Deckengewölbe mit voll funktionsfähigem mittelalterlichen Tretrad.

Links: Blick zur Stellwagen-Orgel in St. Marien

27 | Marienstraße

Museumswerkstatt Mo–Fr 11–13/15–19 Uhr

Apollonienkapelle

Beim Verlassen des Gotteshauses stößt man linker Hand auf die kleine Apollonienkapelle. Sie entstand zusammen mit einem Sühnekreuz im Pflaster des Neuen Marktes als Buße für den »Papenbrand thom Sunde«. Nachdem 1407 ein Kirchenherr aus Wut über ausbleibende Spenden vor den Toren der Stadt gewütet hatte, rächten sich daraufhin die Stralsunder mit der Verbrennung von drei Geistlichen. Infolge dessen lag die ganze Stadt unter Bann und befand sich in jahrelangen Streitigkeiten mit dem Schweriner Bischof und dem Papst.

Auf ein abwechslungsreiches Dasein blickt der Gebäudekomplex Marienstraße 2/3 zurück. Im frühen 15. Jahrhundert entstand an dieser Stelle ein Gasthaus zur Aufnahme von Reisenden. Dazu gehörte die Gasthauskirche St. Antonius, deren Umfassungsmauern im Hofbereich sichtbar sind. Später diente das Bauwerk als Altenheim und in den 1770er Jahren als schwedische Garnisonkirche. 1784 nahm hier das erste städtische Krankenhaus Stralsunds seine Arbeit auf.

Vorbei an der ehemaligen Seefahrtsschule mit Observatorium (1852) sowie einem Bankgebäude (1927) überquert man die Tribseer Straße. In den aus dem 19. Jahrhundert stammenden Speichergebäuden am Katharinenberg 34/35 befindet sich neben verschiedenen Kreativ-Vereinen eine Museumswerkstatt, in der Besucher einen interessanten Einblick in die technischen, wirtschaftlichen und sozialen Bedingungen der Spielkartenproduktion in Stralsund erhalten.

Die Geschichte der **Stralsunder Spielkartenfabrik** geht auf das Jahr 1765 zurück, als der Graveur Johann Caspar Kern die Genehmigung zur Errichtung einer Spielkartenfabrik erhielt. Nach dem Übergang von der handwerklichen Einzelanfertigung zur industriellen Massenproduktion schlossen sich 1872 drei Stralsunder Karten-Produzenten zu einer Aktiengesellschaft zusammen. Neben zahlreichen anderen Fabrikaufkäufen erfolgte 1897 die Übernahme der Altenburger Spielkartenfabrik. Dorthin, in die zentraler gelegene traditionsreiche Skatstadt, wurde 1931 die gesamte Produktion verlegt und der Stralsunder Unternehmenszweig geschlossen. Heute gehört der Thüringer Standort zu den bedeutendsten Spielkarten-Herstellern in Europa.

28 | Museumshaus

Di–So 10–17 Uhr

»Oben« angekommen, versteckt sich rechter Hand in der Mönchstraße 38, hinter den grünen Vorbauten (»Utluchten«), das einzigartige Museumshaus. Das bis 1979 bewohnte Gebäude, das als größtes und begehbares Exponat zum STRALSUND MUSEUM gehört, entstand im frühen 14. Jahrhundert. 1999 wurde es nach mehrjähriger Restaurierung der Öffentlichkeit übergeben. Getreu dem Sanierungs-Motto »alles bleibt drin« taucht der Besucher auf sechs Etagen in die über 600-jährige spannende Bau- und Wohngeschichte des mittelalterlichen Giebelhauses ein. Besondere Aufmerksamkeit gebührt dem voll funktionsfähigen gotischen Aufzugsrad im Dachboden, dem holzvertäfelten barocken Kontor und der bis zuletzt genutzten Schwarzen Küche.

Museumshaus Mönch-straße 38

29 | Katharinenkloster

STRALSUND MUSEUM Di–So 10–17 Uhr
MEERESMUSEUM Juli/Aug.: 9.30–19 Uhr;
Sep.–Juni: 9.30–17 Uhr

Auf der gegenüberliegenden Straßenseite befindet sich die fast vollständig erhaltene Anlage des Dominikanerklosters St. Katharinen. Mitte des 13. Jahrhunderts begründet, umfasst sie neben der schlichten dreischiffigen Hallenkirche die um zwei Innenhöfe gruppierten backsteinernen Klostergebäude. Nach der Reformation diente das Kloster seit 1560 als Waisenhaus und Stralsunder

Ratsgymnasium, dessen wohl bekanntester Schüler Ernst Moritz Arndt war. Außerdem wurde es, besonders in den Kriegen des 18. und 19. Jahrhunderts, als Kaserne, Lazarett und Arsenal sowie als städtische Lagerhalle genutzt. 1924 wurde das im Rathaus beheimatete »Provinzialmuseum« in den Klostergebäuden eingerichtet.

Im STRALSUND MUSEUM ist besonders der dreischiffige Kapitelsaal des »Remters«, des sommerlichen Refektoriums der Mönche, mit seinen bemalten Kreuzrippengewölben sehenswert. Das Highlight der Sammlung ist das Wikingergold von Hiddensee und Peenemünde aus dem 10. Jahrhundert (siehe S. 1). Die Ausstellung präsentiert außerdem stadtarchäologische Funde, sakrale Kunstwerke, historische Einrichtungsgegenstände, Gemälde und Grafiken von Caspar David Friedrich und Philipp Otto Runge u. v. m. Bis Ende 2025 wird das Museum saniert.

Im Jahr 1951 legte Prof. Otto Dibbelt mit der Gründung des Naturmuseums den Grundstein für die erfolgreiche Geschichte des Deutschen Meeresmuseums, zu dem inzwischen vier Standorte gehören. Das beliebte MEERESMUSEUM in der Katharinenkirche wurde bis 2024 umfassend saniert, um den zeitgemäßen Ansprüchen an Barrierefreiheit, Energieeffizienz und Modernität gerecht zu werden. Die Ausstellung inszeniert

Blick in die Ausstellung, 2018

die frei hängenden Exponate so, dass die Raumwirkung der Hallenkirche erhalten bleibt. Ein spektakuläres Großaquarium eröffnet den Aquarienrundgang, der durch die farbenprächtige Welt der Meere führt.

30 | Burmeisterhaus

Gegenüber dem Katharinenkloster zieht an der Ecke von Mönch- und Böttcherstraße ein mit massiven Pfeilern gestütztes Giebelhaus aus der Mitte des 14. Jahrhunderts die Blicke auf sich. Das Wohn- und Speicherhaus wurde im 18. Jahrhundert den Rektoren des Gymnasiums zur Verfügung gestellt. Bei einem von ihnen wohnte bis 1789 der Schüler Ernst Moritz Arndt. Seit 1994 befindet sich in dem Gebäude eine kleine Gedenkstätte für Hermann Burmeister, dessen abgerissenes Geburtshaus nur wenige Meter entfernt in der Böttcherstraße 9 stand.

31 | Kütertor

Neben dem MEERESMUSEUM setzt sich der Stadtrundgang im Bielkenhagen fort. Die Endung »hagen«, in Stralsund öfter zu finden, deutet darauf hin, dass ein Weg entweder entlang der Stadtmauer oder auf diese zulaufend verlief. Die kurze Straße ist geprägt von Gebäuden des 19. Jahrhunderts im Stil der Neorenaissance, wie links Gericht und Gefängnis und gegenüber das Logenhaus.

Anschließend gelangt man linker Hand zum erstmals im 13. Jahrhundert erwähnten Kütertor. Das dreigeschossige, fast quadratische Backsteingebäude wurde Mitte des 15. Jahrhunderts errichtet. Bis ins 19. Jahrhundert wurde das Tor als Gefängnis genutzt, dann diente es bis 2003 als Jugendherberge. In dem Fachwerkgebäude außen vor dem Kütertor befand sich von 1690 bis 1894 die Stralsunder »Wasserkunst«, die mit ihrem Schöpf- und Pumpwerk Wasser aus dem Knieperteich durch ein hölzernes Rohrsystem in die Stadt leitete. Ein interessantes Detail prangt an dem Backsteingebäude gegenüber der bereits 1281 erwähnten Gaststätte »Torschließerhaus«. Die vier Kartensymbole des deutschen Blattes erinnern an ein ehemaliges Fabrikgebäude der Stralsunder Spielkartenfabrik.

Hermann Burmeister
1807–1892, Naturwissenschaftler. Der in Stralsund geborene Burmeister studierte in Greifswald und Halle (Saale) Naturwissenschaften und Medizin, 1834 habilitierte er sich in Berlin. Auf Empfehlung seines Freundes Alexander von Humboldt unternahm Burmeister mehrere Studienreisen nach Südamerika. Von 1862 bis zu seinem Tode leitete er das »Museo Publico« in Buenos Aires und begründete 1869 an der Universität Córdoba die naturwissenschaftliche Fakultät. Seinen ausgezeichneten internationalen Ruf erlangte der Wissenschaftler vor allem mit seinen zahlreichen Veröffentlichungen, darunter »Handbuch der Entomologie« (Insektenkunde), »Grundriss der Naturgeschichte« oder »Geschichte der Schöpfung«.

32 | Mönchstraße

Vom Kütertor geht es in der Heilgeiststraße stadteinwärts Richtung Mönchstraße. Die nach den »schwarzen« Mönchen des Katharinenklosters benannte Straße zählt seit dem Mittelalter zu den wichtigsten Querverbindungen der Stadt. Bevor man an der kleinen Kreuzung nach links in die Mönchstraße einbiegt, lohnt ein Abstecher in die Heilgeiststraße 10. Dort befindet sich der »Fischhandel Rasmus«, der die Tradition Johann Wiechmanns, des legendären Erfinders des Bismarck-Herings, pflegt. Der Gang durch die sehenswerte Mönchstraße mit ihren größtenteils sanierten Häusern aus allen Jahrhunderten endet linker Hand vor Hausnummer 7. Hier befindet sich ein Eingang zu den »Neuen Höfen«, die das gesamte Ensemble der Mönchstraße 6 bis 8 mit all ihren Hintergebäuden umfassen und zu Wohn- und Gewerbezwecken wiederbelebt wurden. Besonders bemerkenswert ist im Hofbereich der Kemladen mit integriertem Steinturm aus dem 13./14. Jahrhundert. Am Hof-Ausgang Mühlenstraße erblickt man linker Hand den fast vollständig erhaltenen Kampischen Hof, eine 1257 erworbene städtische Niederlassung des zisterziensischen Mutterklosters in Neuenkamp (heute Franzburg, etwa 30 km von Stralsund entfernt) mit Herbergs- und Lagerfunktion.

Weit über den Ostsee-Raum hinaus bekannt ist der **Bismarck-Hering**. Der in einer sauren Marinade aus Zwiebeln, Gewürzen sowie Essig und Öl eingelegte Fisch geht auf eine Entdeckung des 19. Jahrhunderts zurück, den Ostsee-Fisch geschmackvoll und haltbar zu konservieren. Angeblich hatte der Braumeister und Kaufmann Johann Wiechmann einst Otto von Bismarck Heringe zum Geburtstag geschickt. Als Wiechmann abermals zur Reichsgründung 1871 ein Holzfässchen mit Fischen sandte, bat er den neuen Reichskanzler um die Benennung als »Bismarck-Hering« – erfolgreich.

Unten: Blick von der Mönchin die Mühlenstraße
Links: Kütertor

Empfehlungen

Marinemuseum Dänholm

Zum Kleinen Dänholm (über alten Rügendamm),
Tel. 03831 29 73 27, Mai–Okt.: Di–So 10–17 Uhr

Die der Stadt vorgelagerte Insel Dänholm, die ursprünglich als »Strale« (Pfeil) bezeichnet wurde, gilt als Namensgeber Stralsunds. Bereits von Wallenstein im Dreißigjährigen Krieg belagert, war die Insel von großer strategischer Bedeutung. Seit dem 19. Jahrhundert wurde der Dänholm zunächst von der preußischen, dann der Reichs- und anschließend von der DDR-Volksmarine genutzt. Ein Jahr nach Entmilitarisierung der Insel wurde das Marinemuseum 1992 eröffnet. Die Ausstellung zur Geschichte der Insel, insbesondere ihrer Marine, wird durch ein umfangreiches Freigelände ergänzt.

Zoo Stralsund

Grünhufer Bogen 2, Apr.–Sep.: 9–18.30 Uhr;
März/Okt.: 9–17 Uhr; Nov.–Feb.: 10–16 Uhr

Der Stralsunder Zoo wurde 1959 mit einem Wild-Freigehege im Stadtwald eröffnet. Seitdem engagiert sich die zoologische Einrichtung besonders für Erhaltung und Zucht heimischer und seltener Haustierrassen, wie z. B. das Pommersche Landschaf. Die Haltung weißer Hausesel gilt als einzigartig in Deutschland. Sehenswert ist das von einem anderen Standort in den Zoo umgesetzte Ackerbürgerhaus des beginnenden 19. Jahrhunderts mit angrenzendem Bauernhof, in dem historische Gegenstände zu besichtigen sind. Neueste Attraktion ist die »Mahnkesche Mühle«, eine Rekonstruktion der letzten erhaltenen Stralsunder Holländer-Windmühle von 1882, in der das Müllerhandwerk und die Geschichte der Landwirtschaft dargestellt werden.

Hafenrundfahrt mit der Weißen Flotte

Fährstraße 16, Tel. 03831 2 68 10

Stralsunder behaupten gern, wer ihre Stadt nicht vom Wasser aus gesehen hat, habe sie nie richtig kennengelernt. Eine Hafenrundfahrt eignet sich hervorragend, dieser Empfehlung zu folgen und die beeindruckende Silhouette der Hansestadt vom Wasser aus zu genießen. Die Traditions-Reederei »Weiße Flotte« bietet, je nach Saison, mehrmals täglich Rundfahrten mit dem Ziel »Rund um den Dänholm«, »Volkswerft« und »Neue Rügenbrücke« an. Außerdem stehen bei der »Weißen Flotte« weitere Ausflüge wie Robbenfahrten sowie Fährverbindungen (z. B. zur Insel Hiddensee) auf dem Programm.

St.-Jürgen-Friedhof

Zugang über Knieperdamm oder Hainholzstraße

Der St.-Jürgen-Friedhof, der erstmals im 13. Jahrhundert als Bestandteil des St.-Jürgen-Hospitals erwähnt und im 17. Jahrhundert an die heutige Stelle verlegt wurde, ist der älteste Gottesacker vor den Toren der Stadt. Diente er ursprünglich als Begräbnisstätte der Armen, gewann er Ende des 17. Jahrhunderts auch für die wohlhabende Bevölkerung an Bedeutung. Neben der gartenkünstlerischen Gestaltung ist der Friedhof kulturgeschichtlich äußerst interessant und beherbergt zahlreiche Gräber bedeutender Stralsunder Persönlichkeiten (Schill, Büchsel, Tiburtius, usw.). Seit 1969 nicht mehr für Bestattungen genutzt, wird diesem kulturellen Kleinod der Stadt in den letzten Jahren wieder mehr Aufmerksamkeit zuteil.

Stralsund an einem Tag. Ein Stadtrundgang
Herausgegeben von Mark Lehmstedt

Text: Michael Schulze
Lektorat: Kristina Schulze/Lehmstedt Verlag
Karte: OpenStreetMap-Mitwirkende, geodressing.de
Fotos: Uta Gau, außer: Hajo Dietz/Nürnberg Luftbild (U2, S. 23), Torsten Pape (S. 18 u., 21 u., 29, 33, 36 o., 43, 45–47), Kristina Schulze (S. 4, 34, 36 u.)
Gestaltung: Mareike Bardenhagen/Lehmstedt Verlag
Druck: druckhaus köthen GmbH & Co. KG, Köthen (Anhalt)

Umschlag:
1: Stadtansicht vom Hafen aus
2: St. Nikolai
3: Luftbild
4: St. Marien
5: Wappen am Rathaus

© Lehmstedt Verlag, Leipzig
5. aktualisierte Auflage, 2024
ISBN 978-3-942473-27-9